ÉPITRE

AUX ÉLECTEURS.

Prix : 1 fr. 25 cent.

Les formalités prescrites ayant été remplies, je poursui-
vrai les contrefacteurs suivant toute la rigueur des lois.

ÉPITRE

AUX ÉLECTEURS.

Octobre 1820.

A PARIS,

CHEZ ROUSSEAU, LIBRAIRE,

RUE DE RICHELIEU, Nº 107;

ET CHEZ PETIT, LIBRAIRE DE S. A. R. MONSIEUR,

PALAIS-ROYAL, GALERIE DE BOIS, Nº 257.

ÉPITRE

AUX ÉLECTEURS.

Chacun monte au Parnasse; et par un sort bizarre
On méprise les vers dans ce siècle barbare,
A moins qu'au ton du jour conformant son sujet,
Le poëte aux abois ne rime le budget.
On adore à genoux l'orateur politique,
Le mot d'un député vaut un poëme épique;
Et l'obscur citoyen qui fit pendant vingt ans
Pour obtenir un nom des efforts impuissans,
Grâce au maigre discours qu'il enfante avec peine,
A nos yeux aujourd'hui paraît un Démosthène.
Je voudrais cependant, Messieurs les électeurs,
Sans être diplomate, amuser mes lecteurs.
D'où vient, me direz-vous, cet excès d'arrogance ?
Quoi! de nous plaire encor tu nourris l'espérance ?
Quand de nos rossignols on dédaigne les chants,
Peut-on du roitelet écouter les accents ?

Oui , certes, on le peut ; et tandis qu'au Parnasse

La voix du rossignol semble fade et sans grâce,

Les cris du roitelet, lorsqu'il cause avec vous,

Paraîtront, j'en suis sûr, mélodieux et doux.

Au seul nom d'électeur, nom glorieux qu'il aime,

J'aperçois tout Paris s'arrachant mon poëme :

On pourra s'en moquer, mais les élections

M'auront au moins valu quelques éditions.

Il approche ce tems où votre expérience

Va présider au choix des soutiens de la France.

Notre nature est faible , et la prévention

Quelquefois du plus sage aveugle la raison.

Redoutez-la, Messieurs ; que votre ame impassible

A ses conseils toujours se montre inaccessible ;

Songez , quand on accuse un mauvais député ,

Que sur les électeurs le blâme est rejeté ;

Car, suivant un précepte antique et salutaire,

La faute de l'enfant rejaillit sur le père.

Prévenez cet affront, et de vos citoyens

Examinez d'abord l'esprit et les moyens.

Ne leur confiez pas les destins de la France,

S'ils ne vous sont connus par leur intelligence ;

Vous ne pourrez entre eux hésiter bien long-tems,

L'esprit n'est pas commun dans les départemens.

Surtout dans vos débats, observant des mesures ,

De la discussion bannissez les injures ;

Par un calme imposant montrez que les Français ,

S'ils ne sont point d'accord ne s'outragent jamais ;

Et qu'en peuple bien né , des Stentors, des Alcides,

Ils estiment fort peu les qualités solides.

Nos voisins, il est vrai, me semblent fort heureux ;

Mais de les suivre en tout il serait dangereux :

Les coups de poing chez nous ne sont pas à la mode ,

Et l'on ne peut encor se battre avec méthode.

S'il faut pourtant, Messieurs, en croire certain bruit,

Ce noble goût déjà nous flatte et nous séduit ;

Et quelques électeurs, au nom de la patrie ,

Auraient eu l'an passé l'omoplate meurtrie.

C'est une calomnie absurde ; quant à moi,

A ces méchans discours je n'ajoute pas foi.

On vous a vus peut-être en un moment de crise

Vous menacer du poing avec trop de franchise ;

Mais la réflexion apaisait vos esprits ,

Et pour vous assommer vous étiez trop polis.

Finissons ; des périls de plus haute importance

Demandent mes conseils et votre vigilance.

L'ambitieux, toujours à la piste des voix ,

Flatte les électeurs pour mériter leur choix.

Êtes-vous libéral ? Son adroite souplesse
De votre opinion exalte la sagesse,
S'épuise sans relâche en caustiques bons mots
Sur la noblesse ancienne et les droits féodaux ;
Avec un saint transport tonne contre la dîme ,
Pleure sur le bon peuple en le nommant victime ;
Et vantant les douceurs de la fraternité ,
Entre les citoyens prêche l'égalité.
Quand, par ces beaux discours qu'avec art il débite ,
Le rusé candidat croit votre ame séduite,
Chez certain électeur, *ultrà* bien renommé ,
Il court ; et l'abordant d'un visage alarmé,
« Ces libéraux , dit-il, sapent la monarchie ;
Et si l'on n'y prend garde ils perdront la patrie :
Au nom du bien public propageant des erreurs,
Ils osent attaquer nos usages , nos mœurs ;
Avec irrévérence ils parlent de leurs pères,
Et nous rendent obscurs à force de lumières.
Ah ! si le sort jamais secondant mon désir,
Pour défendre l'Etat on daignait me choisir ,
De tous ces factieux qui menacent la France,
Je confondrais bientôt la coupable espérance.
Au brave côté droit mes amis sont nombreux ,
Et j'ai, sans me flatter, quelque empire sur eux ;

Nous formerions ensemble une ligue offensive

Qui, calmant des esprits la lumière trop vive,

Vous rendrait du vieux tems la douce obscurité.

Ah ! que ne puis-je un jour être élu député ! »

En achevant ces mots, son regard semble dire :

J'ai bien parlé, j'espère, et vous devez m'élire.

Puis il sort ajoutant, pour qu'on n'hésite plus,

« Mes impositions montent à mille écus. »

Vers un autre électeur, employé des finances,

Le postulant alors tourne ses espérances.

Eh ! qui peut arrêter l'ardeur d'un candidat !

On est infatigable en courant pour l'Etat.

Notre homme en un clin-d'œil a franchi la distance.

Il paraît ; et, prenant un ton de doléance :

« Nous sommes menacés d'un triste événement,

Dit-il ; du ministère on veut le changement.

Si la chose arrivait vous seriez bien à plaindre ;

On parle de réforme, et vous devez la craindre ;

Jamais au favori de son prédécesseur

Le ministre nouveau n'accorde sa faveur.

Ah ! que ne suis-je au centre ! on me verrait sans cesse

De votre protecteur exalter la sagesse,

Combattre ses rivaux, et dans ce noble but

Répéter chaque jour : hors lui point de salut. »

Il s'arrête, et soudain par un trait de lumière,

« Les ministériels aiment la bonne chère,

Pense-t-il; par des mots on ne peut les gagner,

Il faut frapper plus fort, hasardons le dîner. »

Mais, reprend le quidam, des projets où j'aspire

Je prétends en détail aujourd'hui vous instruire.

Nous sommes à deux pas du fameux Beauvillier,

Dont à l'envi chacun vante le cuisinier ;

Son vin du Clos surtout est le meilleur de France;

Et je veux qu'avec lui vous fassiez connaissance.

Daignez suivre mes pas : en savourant ses mets,

Nous nous occuperons du bonheur des Français. »

Voilà, voilà, Messieurs, une épreuve terrible :

Au vin du Clos-Vougeot qui peut être insensible?

Et qu'il faut de vertu pour défendre son cœur

Des appas séduisans d'un bon restaurateur !

L'habile candidat des bords de la Tamise

Sait où peut entraîner l'avide gourmandise;

Aussi par ses discours, de l'utile électeur

Ne cherche-t-il jamais à gagner la faveur :

Il ne lui promet pas de sauver la patrie,

Mais il dresse une table abondamment servie,

Où fume le *rostbeef*, où mousse le *porter;*

Et d'une voix sonore il s'écrie en plein air :

« Entrez, Messieurs, entrez, et sans cérémonie

» Partagez-vous les mets dont ma table est garnie ;

» Mangez, repaissez-vous ; mais à condition

» Que j'obtiendrai vos voix pour mon élection. »

Il dit ; et sur-le-champ la salle est encombrée ;

On mange, on rit, on boit, et la foule enivrée

Chante et répète en chœur : « Il faut être bien sot

Pour manquer un festin qui ne coûte qu'un mot. »

Ce portrait là, Messieurs, peut devenir le vôtre,

Car l'électeur français est gourmand comme un autre ;

Et si pour l'inviter on met plus de façon,

Il se rend aussi vite à l'invitation.

Tel, dont la fermeté résiste à l'éloquence,

Souvent cède au fumet d'un jambon de Mayence,

Et le verre à la main se moque de l'Etat.

Ah ! fuyez son exemple ; et si le candidat

De sa table jamais vous prône les merveilles,

De peur de succomber bouchez-vous les oreilles.

   Il est encor, Messieurs, une espèce de gens

Dont il faut déjouer les projets intrigans ;

Vous les reconnaîtrez sans peine à leur conduite :

Epris, infatués de leur mince mérite,

Ils bannissent la honte, et vont à tout venant

Exalter leurs moyens qu'on ignorait avant ;

Ils élèvent la voix, ils parlent de patrie ;
Comme ces généraux dépourvus de génie
Qui , cherchant à briller aux yeux de leurs soldats ,
Remplacent par des mots le talent qu'ils n'ont pas.
Ils savent le secret, si l'on veut les en croire ,
De rendre à leur pays sa splendeur et sa gloire,
D'étouffer la discorde en calmant les esprits ,
D'arrêter les abus et d'unir les partis;
Pareils aux charlatans, pour les maux de la France
D'un baume souverain feignant la connaissance ,
Ils proclament partout son pouvoir merveilleux;
Mais veut-on employer ce remède fameux?
On s'aperçoit trop tard qu'il fallait sur la place
Laisser ces charlatans tromper la populace.
Le savant médecin , humble dans ses discours,
Attend que le malade invoque son secours,
Et ne va pas crier au milieu de la ville :
« De tous les médecins je suis le plus habile. »
Le mérite est modeste , et dans un sage oubli ,
A moins qu'on ne l'en tire , il reste enseveli.
Cherchez donc sa retraite ; et déjouant l'intrigue ,
Accordez-lui l'honneur que convoitait la brigue.
Laissez l'ambitieux s'agiter en tous sens ,
Et consumer sa morgue en efforts impuissans :

Les déclamations ne font pas l'homme utile.
Ah ! que j'aime bien mieux ce citoyen tranquille,
Sans relâche occupé du soin de ses travaux,
Qui, séparé du monde, ignorant ses rivaux,
Attend, loin d'imiter leur clameur importune,
Que sa seule vertu l'élève à la tribune :
Voilà l'homme de bien, voilà le député,
Que vous devez soustraire à son obscurité.

Mais des piéges nombreux qu'on doit encor vous tendre,
Par quels soins, par quel art, il faudra vous défendre !
Pour mieux vous attirer vers ces appas trompeurs,
L'adroite ambition les couvrira de fleurs,
Et d'un sexe adoré faisant parler les charmes,
Tournera contre vous de bien puissantes armes.
Voyez tous les salons se transformer en camps,
Ces soldats féminins qui courent à leurs rangs,
Et dans les tourbillons de chaque coterie,
L'intrigante beauté dressant sa batterie ;
Remarquez cette femme à l'air antique et vain,
Du cercle qui l'écoute oracle souverain,
Qui, dans son grand fauteuil noblement étendue,
Fait de ses protégés une exacte revue,
Et d'un ton doctoral soutient que l'univers,
Ces Messieurs exceptés, est injuste et pervers :

De la corruption la chambre est même atteinte ;

Et si ses bons amis n'en épurent l'enceinte,

Bientôt le feu du ciel, pour punir nos méfaits,

Viendra comme à Sodome étouffer les Français.

A son geste, à sa voix, le bataillon femelle

S'imagine déjà que la flamme étincelle :

On s'agite, on se presse ; au soin de pérorer

On immole un moment le soin de se parer ;

Et dans ce grand péril il n'est pas une femme

Qui n'accorde son vote aux amis de Madame.

Ainsi près de sa ruche, à l'aspect du danger,

On voit autour du chef un essaim se ranger.

Mais d'un honteux retard accusant leur courage,

Nos guerrières bientôt vont oser davantage :

L'une en léger bockey vole au quartier d'Antin,

L'autre en large équipage au faubourg Saint-Germain,

Tandis que, du Marais suivant la loi commune,

La troisième au combat trotte en demi-fortune.

De sa société prenant alors le ton,

Chacune en mots divers répète sa leçon,

Et veut à son parti, fervent missionnaire,

Avoir au moins l'honneur de convertir un frère.

Qu'un électeur paraisse, aussitôt tous les yeux

Fixent avidement cet homme précieux ;

Chaque beauté l'attaque et l'invoque et le presse

En faveur du héros dont le sort l'intéresse.

L'une dit : C'est mon frère; une autre : Mon mari.

Chloé, d'un air modeste et non moins attendri,

A plaider pour le sien met encor plus de zèle,

Mais sans parler du rang qu'il occupe auprès d'elle.

Que faire ? Pouvez-vous , ridicule Caton,

Désoler une femme et troubler un salon ?

Je suis loin d'y songer, car la galanterie

Est une qualité que j'ai toujours chérie ;

Et quand des yeux charmans m'expriment un désir,

Mon cœur n'hésite pas et ne sait qu'obéir.

Aussi pour accorder en ce péril extrême

Ce qu'on doit à l'Etat, au beau sexe, à soi-même,

Si l'âge et les impôts permettent qu'à mon tour

A vos réunions j'assiste quelque jour,

J'irai loin de la ville et dans la solitude,

Admirant la nature, occupé de l'étude,

Me préparer d'avance, et dans la paix des champs,

Au calme de l'esprit par le calme des sens;

D'un œil impartial j'observerai les hommes :

On les connaît si peu dans le siècle où nous sommes !

Là, mes yeux enchantés ne verront que des fleurs;

Je braverai l'intrigue et les solliciteurs,

Et j'attendrai sans trouble, à l'ombre d'un vieux chêne,
Qu'à la société le devoir me ramène.

N'allez pas cependant, Messieurs les électeurs,
Croire que Paris seul peut corrompre vos cœurs :
Je sais bien qu'en province il est de fortes ames
Qui résistent sans peine aux caprices des femmes ;
Mais sous d'autres périls qu'elles n'ont point prévus,
Souvent on voit fléchir ces stoïques vertus.
Fussiez-vous citoyens de Falaise ou de Vire,
L'ambitieux encore irait vous y séduire,
Et faisant à son gré tourner vos sentimens,
Prouverait qu'en finesse il passe les Normands.
Il est de ces esprits qui, dans la capitale,
Non contens d'étaler l'audace et le scandale,
De discorde et de haine apôtres insolens,
Veulent troubler encor tous nos départemens.
Pleins d'un si noble espoir, ces Messieurs ont l'usage
Vers les élections de se mettre en voyage,
Comme ces tourbillons d'insectes malfaisans
Qui volent au pillage et dévastent nos champs.
Chaque ville de France a son missionnaire ;
L'un traverse Cambrai pour visiter sa terre
Qui fort mal à propos avoisine Toulon ;
L'autre cherche à Rouen son château d'Avignon ;

Et de l'incógnito gardant les lois sévères

Chaque soir au théâtre il se cache aux premières.

Mais l'homme de mérite est bientôt reconnu ;

Et quelques indiscrets, qui par hasard l'ont vu,

Dans la ville aussitôt en sèment la nouvelle.

Leur voix a réveillé le bataillon fidèle :

Il se lève, il accourt ; et les bons citoyens,

Qui se sentent alors un peu musiciens,

Réunis à la hâte en bruyante ambassade,

Courent sous son balcon donner la sérénade.

Le héros attendri paraît à ce signal ;

Il découvre sa tête, et d'un air amical

Adresse trois saluts à la foule qui crie :

« Vive le défenseur, le dieu de la patrie ! »

Alors certain Monsieur, à face de nigaud,

Qui joue auprès de lui le rôle de Jeannot,

Fait signe de la main au peuple qui s'agroupe

Que son illustre ami veut haranguer la troupe.

On se tait ; Monsieur parle, et du département

Vante le bon esprit et le discernement ;

Dit que ce qu'il a fait lui semble peu de chose,

Qu'il veut vivre et mourir en défendant sa cause.

Les amis d'applaudir ; et d'un air de bonté

Lui de leur témoigner sa sensibilité.

On croirait à le voir que c'est un prince affable
Qui daigne à ses sujets dire un mot agréable.
La foule, enfin, muette à force de hurler,
Et les musiciens ne pouvant plus souffler,
Tout disparaît au bruit des paroles traînantes
Que murmurent encor quelques voix expirantes.
Mais à peine on commence à dormir au quartier
Qu'un orchestre moins doux remplace le premier.
Un essaim d'amateurs muni de serinettes,
De chaudrons, de sifflets, de clefs et de pincettes,
Accourt; et mariant ces instrumens divers,
D'un beau charivari fait retentir les airs.
On n'entend plus vanter le dieu de la patrie :
C'est un infâme, un traître, indigne de la vie;
Car l'esprit de parti dans ses amusemens
Ne parle de rien moins que de tuer les gens.
Ainsi la même ville entretient deux armées
De haine et de fureur l'une et l'autre animées,
Qui viennent tous les soirs crier sous un balcon
Et se déshonorer chacune à sa façon.
Encore est-ce un bonheur si la guerre civile,
Plantant son étendard au milieu de la ville,
Ne ravage bientôt ses murs épouvantés;
Et si le triste auteur de ces calamités

Ne cause point, avant de partir pour sa terre,
La destitution du préfet et du maire.

Eh bien, Messieurs! eh bien! mon fidèle pinceau
A-t-il par de faux traits déparé son tableau?
Et viendra-t-on encor blâmer mes rêveries
Quand je parle de fleurs, de bois et de prairies?
Ah! croyez-moi, fuyez, il en est encor tems;
Allez loin des humains respirer l'air des champs;
Ou si quelqu'intérêt vous retient à la ville,
Courez, enfermez-vous au fond de votre asile,
Et que devant la porte un homme en faction
Dise toujours : « Monsieur n'est pas à la maison. »
Fort bien; je vois déjà le valet à son poste
Chassant des importuns la foule qui l'accoste.
Je ris du stratagème et de leur désespoir.
Mais cependant, Messieurs, car il faut tout prévoir,
Il en est qui, bravant la consigne sacrée,
Dans votre solitude obtiendront leur entrée;
Et, je n'en doute pas, vous lirez les journaux
En dépit de ma muse et de ses vers moraux.
Allons, je le veux bien; mais que votre prudence,
En les lisant, du moins, craigne leur influence.
Ils forment, je le sais, et le cœur et le goût;
Leur style est éloquent, fort honnête surtout

Ils ont plus de bon sens, plus d'esprit qu'on ne pense,

Et ne parlent jamais contre leur conscience :

Je dois les en louer; mais, par un coup du sort,

Ces paisibles journaux, qu'on voit toujours d'accord,

Sur un point seulement refusent de s'entendre,

Et sont en politique ennemis à se pendre.

Tel qui, pour député, plairait au *Drapeau Blanc*,

De l'*avis* du *Courrier* est un homme de sang;

Et le dieu qu'aujourd'hui dans la *Gazette* on loue,

Au *Journal de Paris* est demain dans la boue.

Ainsi le candidat, sans cesse ballotté

Entre l'ignominie et l'immortalité,

De chaque tribunal recevant sa sentence,

Souvent du Panthéon est mis à la potence.

Dans le conflit obscur de ces tristes débats,

Qui d'entre vous, Messieurs, ne s'égarerait pas?

Le chaos des partis est un grand labyrinthe

Dont il faut redouter la périlleuse enceinte;

Le fou qui s'en approche y voit la vérité,

Croit l'atteindre, et bientôt, dans sa course emporté,

Foule sans réfléchir cette terre inconnue :

Quelquefois le fantôme apparaît à sa vue ;

Il tend vers lui ses bras ; mais, efforts superflus !

Au lieu de le saisir il s'égare encor plus ;

Et l'imprudent arrive au bout de sa carrière
Trop tard désabusé de sa folle chimère.
Laissez donc les journaux se quereller entre eux.
Pour le blanc ou le noir qu'ils plaident de leur mieux ;
L'électeur impassible, en ce moment suprême,
Doit mépriser leurs cris et juger par lui-même.
S'il pense que Damis est digne de son choix,
A Damis aussitôt qu'il accorde sa voix,
Sans daigner seulement repousser les injures
Dont le chargeaient hier quelques feuilles obscures.
Quant à ces vils pamphlets inspirés par la faim,
Que trace avec du fiel une sordide main,
Ecrits dont l'éloquence abjecte et triviale
Passe chez le libraire en sortant de la halle,
Je les laisse au mépris qu'ils doivent exciter ;
Leur langage honteux n'est pas à redouter.
Par intervalle au moins les journaux nous font rire ;
Et qui sait amuser quelquefois peut séduire.
Mais cet impur amas de mots injurieux,
Où règne sans esprit un cynisme odieux,
S'il cause un doux transport à quelques misérables
Dont il flatte l'audace et les désirs coupables,
Bien loin de l'émouvoir, ne peut que révolter
Le lecteur délicat qui sait se respecter.

O jeunes écrivains dont le naissant génie

Promet par son éclat d'illustrer la patrie,

Vous dont l'heureux talent, par d'indignes tableaux,

N'a pas encor souillé l'honneur de ses pinceaux;

Ah! du poison toujours préservez vos ouvrages;

Et si vous êtes fiers d'obtenir les suffrages

Que la postérité donne aux brillans écrits,

Travaillez pour la gloire, et non pour les partis.

Et vous tous, électeurs, députés de la France,

Vivez à l'avenir en douce intelligence :

La patrie a souffert, il faut la consoler,

Punir les factieux qui voudraient la troubler,

Et ne plus, à propos de lois ou de ministres,

Rembrunir tout à coup vos visages sinistres.

Pour vous dont le suffrage est mon premier désir,

Mesdames, si ma muse a pu se divertir,

Je veux, pour désarmer votre juste colère,

Vous donner par sa bouche un avis salutaire :

Si de politiquer la déplorable ardeur

Vous vient à l'avenir inspirer sa fureur,

Consultez un miroir; et ce juge inflexible

Corrigera bientôt la plus incorrigible.

DE L'IMPRIMERIE DE PILLET AÎNÉ, RUE CHRISTINE, N° 5.